STEFAN WAIDELICH | NIKHILA ANIL

SAIS-TU QUE TU ES GÉNIAL?

Sais-tu que tu es génial ?

Édition février 2022
© 2020 Stefan Waidelich Zeisigweg 6. DE - 72213 Altensteig
Imprimé par : Amazon Media EU S.à.r.l., 5 Rue Plaetis, LU-2338, Luxembourg

Illustration de couverture : Nikhila Anil © Stefan Waidelich

Cet ouvrage, dans son intégralité, y compris ses différentes parties, est protégé par le droit d'auteur. Toute utilisation en dehors des limites strictes de la loi sur le droit d'auteur sans le consentement du détenteur du droit d'auteur et de l'auteur est interdite. Ceci s'applique en particulier à la reproduction électronique ou autre, à la traduction, à la distribution et à la mise à disposition du public.

ISBN 978-3-98661-032-6

Auteur : Stefan Waidelich
Illustration : Nikhila Anil
Composition du livre : Elena Glebova

Pour Emma, Samuel et Sophie

4

« Aujourd'hui, nous allons faire des exercices », dit la maîtresse en regardant les animaux dans la classe. « Ce sont des exercices spéciaux parce que c'est vous qui déciderez qui a réussi. Il n'y aura qu'une seule note pour chaque exercice et c'est vous tous qui la donnerez. »

Les animaux se regardent. Ils sont tous sûrs qu'ils vont réussir les exercices.

Tous, sauf Samuel le tigre. Il est assis tout seul dans un coin de la pièce. Il est inquiet à l'idée de faire les exercices, car il ne sait pas s'il est bon en quelque chose.

La maîtresse les conduit près d'un grand arbre au bord de la forêt.

« Bien, tout le monde se met en ligne ! » Elle montre le très grand arbre. « Votre premier exercice est de grimper à cet arbre aussi vite que possible et de vous suspendre par la queue, la tête à l'envers ! »

Tous les animaux grognent à part Molly, le singe.

Molly regarde la maîtresse et dit : « Est-ce que je peux y aller en premier s'il vous plaît ? »

« Bien sûr, Molly », répond la maîtresse.

Molly grimpe dans l'arbre sans effort. Elle attrape la plus haute branche avec sa queue et se suspend la tête en bas en faisant des signes aux autres.

« Voyez si vous pouvez faire mieux ! » crie-t-elle.

Mais les autres animaux ne peuvent pas grimper à l'arbre, ni se suspendre à une branche avec leur queue.

Fred, le poisson, dit qu'il ne peut pas respirer hors de l'eau, donc il ne peut pas grimper à l'arbre. Il a une queue, mais il peut seulement nager avec et pas se suspendre à une branche.

Eric, l'éléphant, essaie d'atteindre la plus haute branche de l'arbre avec sa trompe, mais la maîtresse lui rappelle qu'il doit grimper. Eric dit alors que sa petite queue ne pourra jamais porter son grand corps, et qu'il n'essaiera même pas de se suspendre.

Daniel, le chien, réussit à grimper sur une branche basse et essaie de se suspendre, mais sa queue ne s'enroule pas comme celle d'un singe et il glisse tout de suite !

Charles, le poulet, et Basile, l'oiseau, n'ont aucun moyen de grimper dans l'arbre. Ils essaient de voler jusqu'à une branche haute, mais la maîtresse leur dit qu'il faut grimper. En plus, ils n'ont pas vraiment une queue avec laquelle ils pourraient se suspendre, juste des plumes.

Voici le tour de Samuel le tigre. Il court vers l'arbre aussi vite qu'il le peut et il réussit à enrouler ses pattes autour du tronc et à s'accrocher avec ses griffes. Mais il glisse et tombe sur le sol. Cela fait un « Boum ! ».
Les autres se moquent de lui et il baisse la tête.

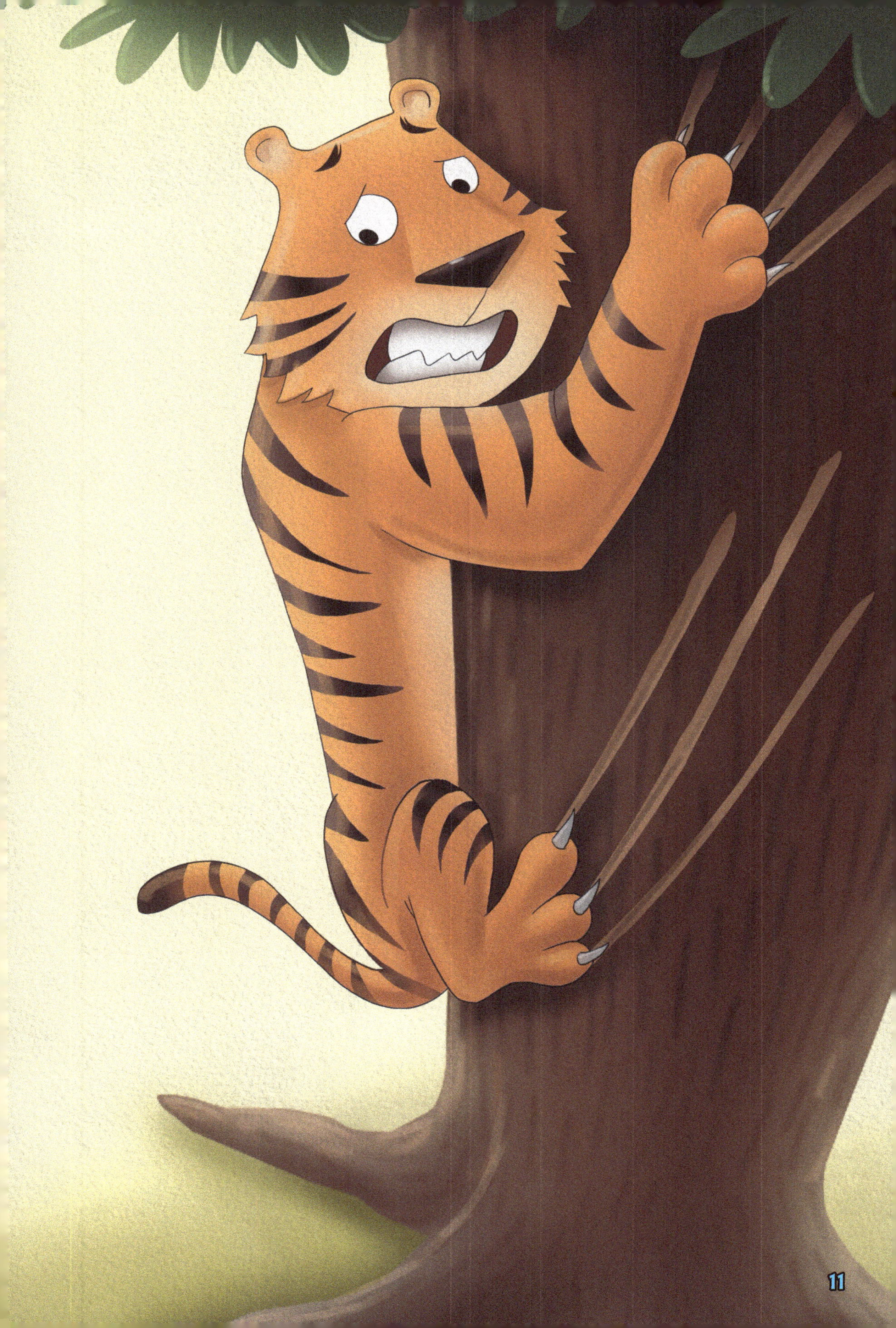

« Très bien, les enfants. Qui a réussi le premier exercice ? »

Tout le monde crie : « Molly ! »

« Pourquoi ? » demande la maîtresse.

Personne ne sait comment répondre à cette question. Alors Éric dit : « Elle est née avec tout ce qu'il faut pour grimper aux arbres et se suspendre aux branches. Elle a un talent. »

Les éléphants sont intelligents comme tu le sais.
« Très bien ! dit la maîtresse. Et maintenant, allons près du lac, pour le prochain exercice. »
Tout le monde est impatient de faire le prochain exercice. Sauf Samuel. Il n'est pas sûr d'avoir un talent.
Quand ils arrivent au bord du lac, la maîtresse leur montre l'image d'un coffre au trésor.
« Pour le deuxième exercice, il faut trouver ce coffre au trésor au fond du lac et me dire ce qu'il y a dedans. »

Fred, le poisson, plonge le premier. Il se sent chez lui quand il nage au fond du lac. Il voit tout !

Éric, l'éléphant, pense que la solution est d'aspirer toute l'eau du lac avec sa trompe pour découvrir le coffre au trésor. La maîtresse rit et dit que ce n'est pas possible. Éric se contente donc de marcher dans le lac en tâtonnant avec sa trompe à la recherche du coffre.

Daniel, le chien, saute dans le lac et patauge à droite et à gauche. De temps en temps, il plonge son nez sous l'eau pour voir s'il découvre quelque chose.

Charles, le poulet, surprend tout le monde. Oui, les poulets savent nager ! Il n'est pas sûr de pouvoir mettre sa tête sous l'eau comme un canard, mais il essaie quand même.

    Basile, l'oiseau, et Molly, le singe, parlent à voix basse au bord du lac. Molly n'aime pas être dans l'eau et tous les animaux le savent. Alors Basile saute très vite sur l'épaule de Molly et elle entre malgré tout dans l'eau et avance en utilisant ses bras. Basile l'encourage et il regarde le fond du lac à la recherche du coffre au trésor. Ils forment une bonne équipe.

    Il ne reste plus que Samuel, le tigre. Il est content, car il sait qu'il est bon nageur, mais il n'aime pas mettre la tête sous l'eau. Après tout, un tigre... c'est un gros chat ! Alors il se contente de nager, en essayant de ne pas gêner les autres.

L'un après l'autre, tous les animaux ont repéré le coffre au trésor et ont annoncé son contenu. La maîtresse félicite tout le monde. « Qui a réussi cet exercice ? » demande-t-elle.

La plupart des animaux répondent que c'est Fred. C'est un poisson, n'est-ce-pas ! Il est né avec tout ce qu'il faut pour être à l'aise dans l'eau.

Mais Éric dit : « Attendez ! Oui, c'est vrai que Fred est né pour être dans l'eau, mais peut-être que cet exercice demande plus de qualités que le talent avec lequel nous sommes nés.

Peut-être que le coffre au trésor était tout au fond du lac afin que nous réfléchissions davantage à nos talents pour le trouver. »

« Donc, qui a réussi l'exercice ? » demande de nouveau la maîtresse.

Daniel aboie avec enthousiasme. « C'est Molly et Basile. Ils ont travaillé en équipe pour trouver le trésor ! »

Les chiens aussi sont intelligents, tu sais.

La maîtresse sourit. « Je crois que vous avez tous appris quelque chose aujourd'hui. »

Lorsque Samuel rentre chez lui après l'école, il est triste et déçu. Il parle des exercices à ses parents et dit qu'il n'a pas bien réussi.

« Maman, tu aurais dû voir Molly. C'est un génie de l'escalade. Moi, je n'ai pas ce talent. » Samuel pleure à chaudes larmes.

Sa maman le prend dans ses bras. « Tout va bien, Samuel... tu sais faire tellement d'autres choses ! »

Son papa dit : « Bien sûr, Samuel, ces exercices ne faisaient pas appel à tes talents. »

Mais Samuel ne comprend pas comment son talent pourrait être utilisé puisqu'il ne sait même pas quel est son talent !

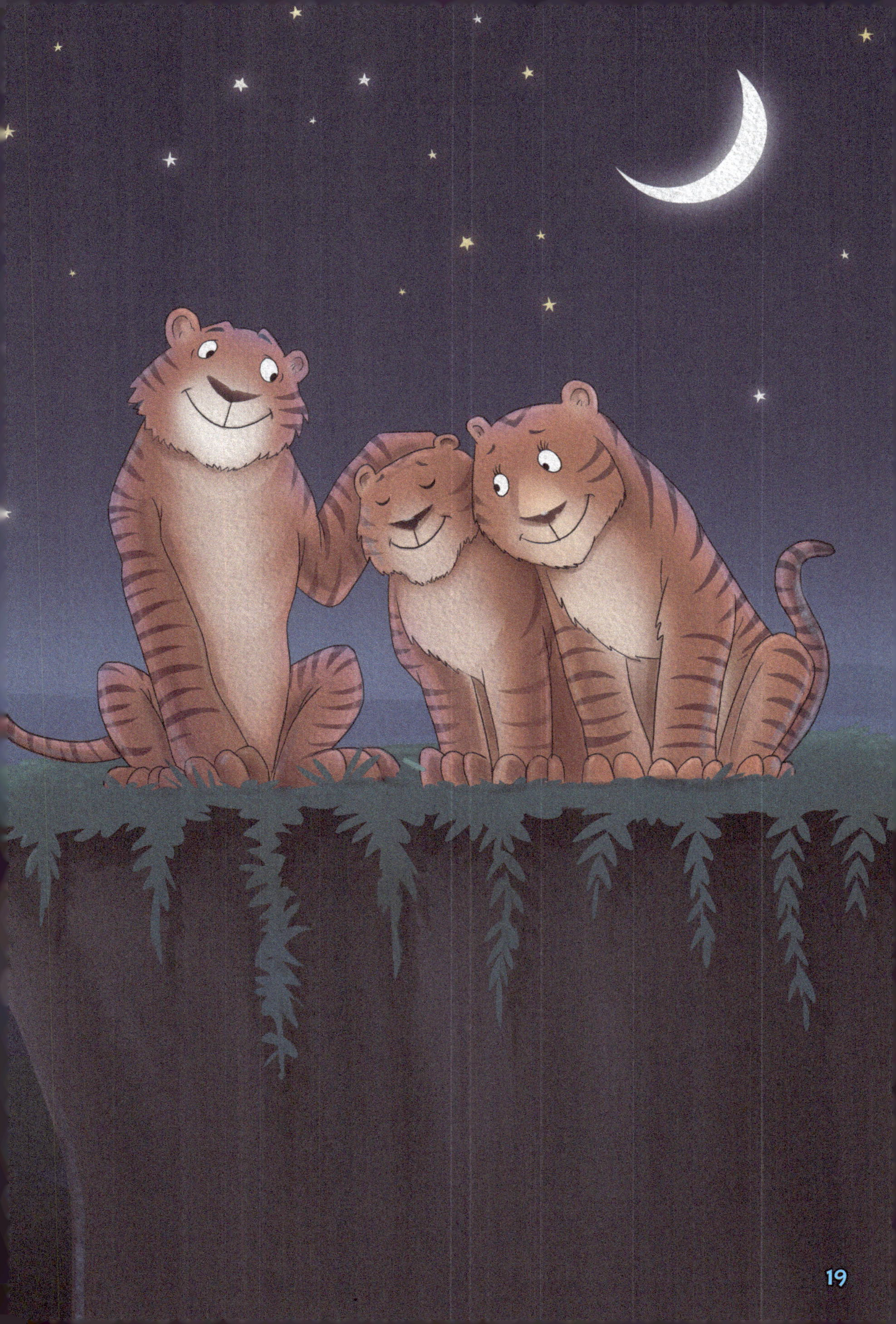

Le lendemain, la maîtresse explique les rôles de chacun dans le petit groupe lorsque, dans la salle, tous entendent crier « AU FEU ! »

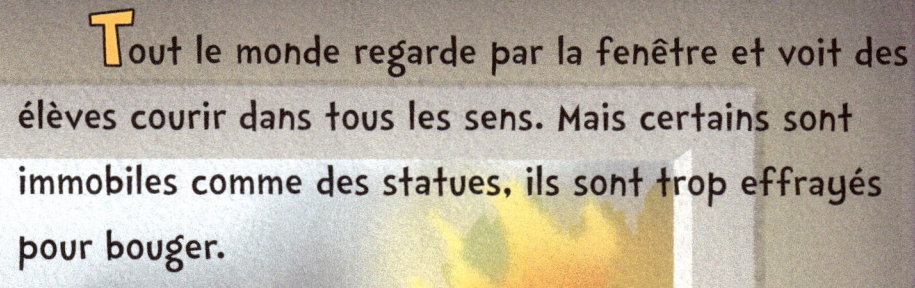

Tout le monde regarde par la fenêtre et voit des élèves courir dans tous les sens. Mais certains sont immobiles comme des statues, ils sont trop effrayés pour bouger.

Ils sont en danger !

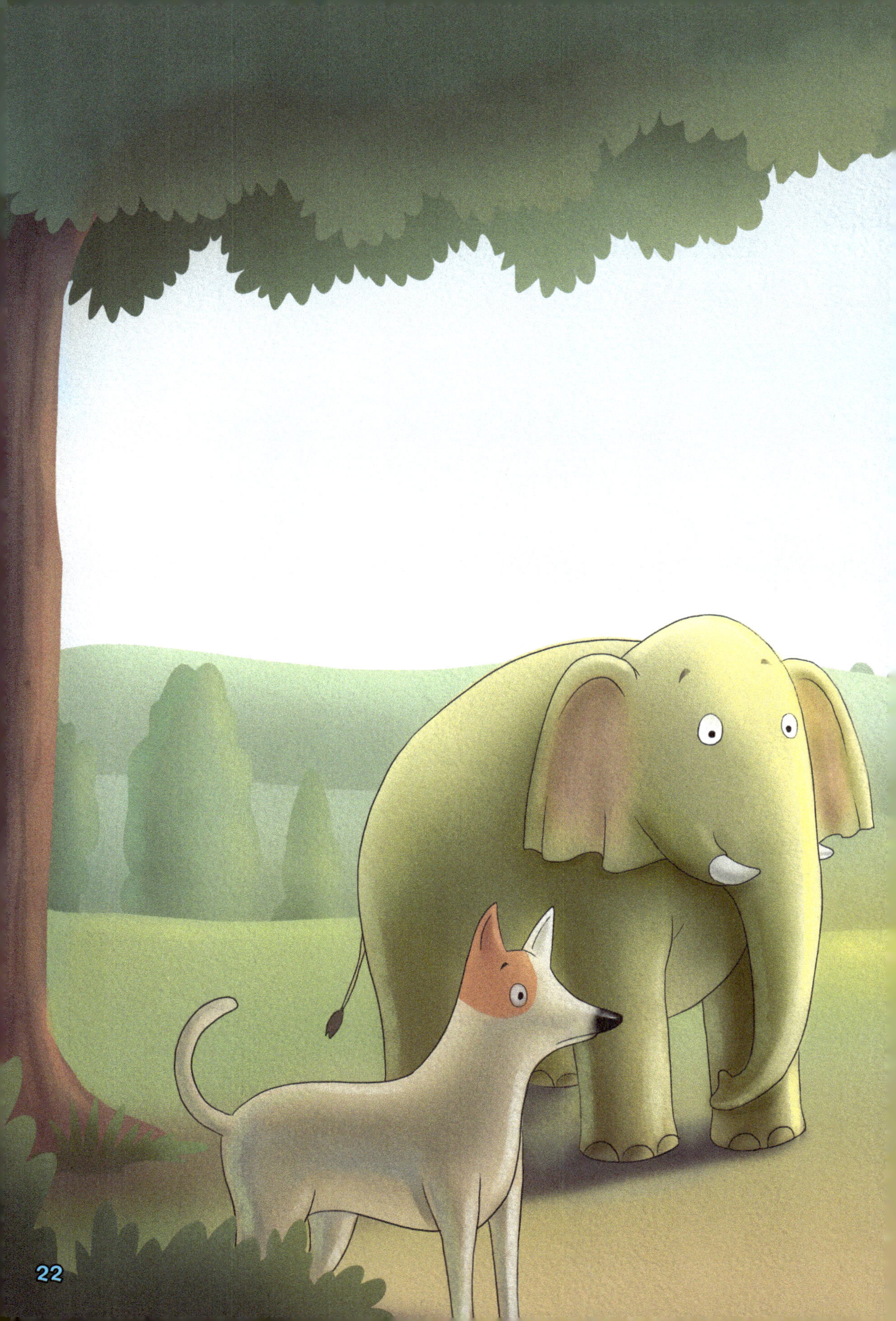

Samuel sait que dans sa classe, tout le monde peut aider.

Il connaît les talents de chacun.
« Vite ! dit-il. On va aider. Alors, on se rassemble et on écoute ! »

« Éric ! Envoie de l'eau sur le feu avec ta trompe pour le ralentir. »

« Fred ! Va nager dans le lac et préviens tout le monde qu'il y a un incendie. Dis-leur de partir le plus loin possible. »

« Daniel et moi, nous allons mettre tout le monde en sécurité. Charles et Basile, vous pouvez nous aider en volant et en faisant des cercles au-dessus des animaux que nous ne voyons pas depuis le sol. »

« Molly, grimpe dans l'arbre puis sors les petits oiseaux de leur nid pour les mettre en sécurité. »

Alors que Samuel conduit un groupe d'animaux loin de la forêt pour les mettre en sécurité, il entend Fred appeler à l'aide. Il court vers le lac et voit qu'un gros rocher bloque la seule sortie. Quatre canards sont pris au piège et le feu se dirige vers eux !

Samuel sait qu'il est un très bon nageur, alors il nage aussi vite qu'il peut. Puis, comme il est très fort, il fait rouler le rocher hors du passage. Les canards caquètent pour dire « merci » et nagent jusqu'à un endroit sûr, loin du feu.

Samuel repart en courant vers la forêt. Charles, le poulet, l'attend et lui dit que lorsqu'il est parti vers le lac, les animaux ont commencé à courir en faisant des cercles. Ils ont peur et ne savent pas où aller pour être en sécurité.

Alors, Samuel se dresse au milieu du champ et rugit si fort que les animaux l'entendent à des kilomètres à la ronde. Soudain, le calme revient. Tout le monde écoute Samuel.

« Nous essayons de vous aider… dit Samuel. Suivez Charles et les autres pour vous mettre en sécurité ! »

Lorsque Samuel rentre à la maison, il est fatigué. Il raconte à ses parents ce qui s'est passé et comment tous les animaux de sa classe l'ont aidé. Il leur dit qu'il est à la fois heureux et triste. Heureux que tout le monde soit sain et sauf, mais triste qu'une grande partie de la forêt et quelques salles de classe aient brûlé.

Samuel s'endort quand même, avec un sourire sur le visage. Il sait maintenant quel est son talent. Pas seulement celui qu'il avait à sa naissance, mais cette chose spéciale qui permet d'aller plus loin, comme pour le coffre au trésor !

Le lendemain, la classe se réunit à un autre endroit de la forêt. La maîtresse vérifie qui est présent et dit qu'il n'y aura pas de cours aujourd'hui. À la place, ils vont tous aider à reconstruire les salles de classe.

« Mais d'abord, je veux vous parler d'hier. Cet incendie a été le plus grand exercice de tous, même si je ne l'avais pas prévu ! Je veux vous remercier d'avoir utilisé vos talents pour mettre tous les animaux en sécurité. »

Tout le monde applaudit et pousse des cris de joie.

Puis la maîtresse dit : « Parfois, nous découvrons notre talent seulement quand nous en avons besoin dans une situation d'urgence. »

La classe reste silencieuse et écoute attentivement chaque mot.

« **H**ier, Samuel a aidé chacun de vous à découvrir comment utiliser son talent quand c'était le plus important. Il vous a dit quoi faire. Éric nous a aidés à éteindre le feu. Fred a guidé les poissons et les autres animaux dans le lac. Daniel, Basile et Charles ont aidé des animaux à échapper au feu, et Molly a aidé les petits oiseaux à quitter leur nid avant qu'il ne s'enflamme. »

La classe applaudit à chaque nom prononcé par la maîtresse.

Puis tout le monde se lève et regarde Samuel. Ils applaudissent encore plus fort.

La maîtresse dit : « Samuel a fait preuve de courage. Il a organisé les secours et a calmé les peurs de tout le monde. Avec Daniel, il a mis les animaux en sécurité et il a aidé les canards à s'échapper. Samuel a le talent d'être un grand chef ! »

« Rappelez-vous, vous êtes tous géniaux à votre manière, et quand le moment sera venu, vos talents se manifesteront. »

La maîtresse regarde Samuel et sourit. Puis elle dit :
« Maintenant ! Est-ce que nous sommes tous prêts à nous mettre au travail ? »

« OUI ! » crie tout le monde.

Tous les animaux se mettent au travail en utilisant leur adresse et leur talent pour aider à reconstruire les salles de classe.

*« Tout le monde est un génie.
Mais si vous jugez un poisson par
son talent à grimper à un arbre, il
vivra toute sa vie en croyant qu'il
est stupide. »*

- Anonyme -

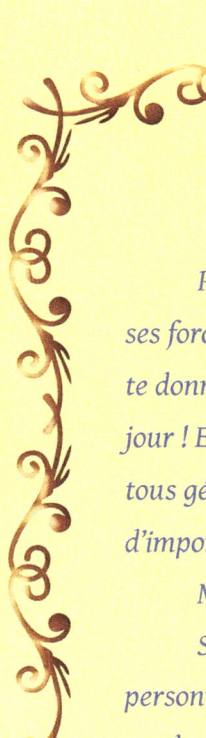

Cher jeune génie,

Peut-être es-tu comme le petit tigre Samuel qui ne connaissait pas ses forces. Peut-être aussi tes capacités sont-elles encore cachées, ce qui te donne l'impression de ne pas être à ta place. Mais tu les découvriras un jour ! En attendant, ne te compare pas aux autres. Crois-moi, nous sommes tous géniaux ! Tu es unique, et c'est bien ! Sans toi, il manquerait quelqu'un d'important dans ce monde.

Merci d'avoir lu ce livre.

Si tu l'as aimé, aide-nous à faire passer le message que chaque personne a quelque chose de génial. La meilleure façon de nous encourager est de poster un message sur les médias sociaux et de publier un avis sur le livre sur toutes les plateformes numériques.

Ce livre est également un excellent cadeau pour encourager un enfant qui se sent encore petit et ne sait pas qu'il est unique.

Si tu partages cette histoire, de nombreux autres enfants en profiteront !

Merci beaucoup. Peut-être nous rencontrerons-nous un jour ! J'en serai très heureux.

Je te souhaite le meilleur et que tes forces deviennent encore plus grandes.

*Bien à toi,
Stefan Waidelich*

L'auteur :

Stefan Waidelich est enseignant. Il vit avec sa famille et ses chats dans la Forêt-Noire. Il aime les histoires, le sport, Dieu et la glace à la vanille. En tant que professeur de mathématiques, il pense que la vie, ce n'est pas d'être bon dans tout, ou même, seulement, dans des choses différentes. Il faut plutôt découvrir son talent et devenir excellent dans ce domaine.

L'illustratrice :

Nikhila Anil vit à Bangalore, en Inde. Elle est illustratrice de livres pour enfants et vit sa profession avec passion. Elle est la maman d'un jeune garçon qui adore les dinosaures. Son petit jardin est plein de fleurs. Nikhila aime l'art et le chocolat chaud. Rien ne l'inspire plus que la nature.